Ghislayne BOURDOIS

AF166210

Petits

Voyages

en

Poé'Vie

Ghislayne BOURDOIS

Petits

Voyages

en

Poé'Vie

© 2023 Ghislayne Bourdois

Édition : BoD – Books on Demand, info@bod.fr
Illustration : Alice DePage, Belgique (www.alicedepage.com)
Impression : BoD – Books on Demand, In de Tarpen 42, Norderstedt
(Allemagne)
Impression à la demande

ISBN : 978-2-3224-8051-7

Dépôt légal : juin 2023

Bonjour,

Je suis poétesse amateure, autodidacte, un peu profane en contraintes poétiques, me laissant surtout guider par mon instinct qui m'emporte dans les méandres de moi-même d'où je puise l'inspiration et le style de mes textes.

Il m'aura fallu beaucoup de temps pour réaliser ce recueil créé pas à pas au fil du temps avec les sujets variés de la vie qui m'interpellaient.

Petit à petit la confiance est venue en moi grâce à des associations poétiques telles que Flammes vives, Terpsichore, Bordulot, la lyre Fréventine ainsi que les Poètes et Artistes de France qui ont été séduits par certains de mes textes et me les ont publiés dans quelques-unes de leurs anthologies.

Je tiens également à remercier de tout cœur toutes les personnes qui me sont proches et qui m'ont accompagnée et encouragée à chacune de mes créations, en particulier ma Fille qui a été ma meilleure critique en toute impartialité ainsi que mes amis Bernadette et Alain qui décortiquaient avec passion les vers clés de mes poésies.

Vous trouverez, du reste, à la fin de cet ouvrage, un très joli poème réalisé par Alain.

J'espère que vous aussi vous passerez un agréable moment à la découverte de chacune de mes petites histoires poétiques.

Pour toute question, avis ou remarque, n'hésitez pas à m'en faire part à l'adresse mail suivante : ghbourdois@orange.fr

Avec mes plus belles pensées,

Ghislayne Bourdois

SOMMAIRE

L'EMPREINTE

C'est l'empreinte de sa voix
Qui a su guider mes pas
Sur les chemins de la vie
Parfois glauques, parfois fleuris.

C'est l'empreinte de sa main
Qui m'a menée vers demain
Pour me fondre dans la vie
Sans regrets et sans ennui.

L'empreinte de sa tendresse
M'a enveloppée d'ivresse
Dans la chaleur de son sein
Et la douceur des matins.

C'est l'empreinte de sa vie
Qui a fait ce que je suis,
Son empreinte est dans mon cœur
Ne la cherchez pas ailleurs.

ALÉA JACTA EST

Aléa jacta est
Siffle en moi le vent d'Est
En transportant ma peine
Tout au long de mes veines
Me glaçant jusqu'au sang
Me figeant dans le temps.

Aléa jacta est
Je voudrais faire un geste
C'est le vide dans ma tête,
Un souffle me projette
Me jetant face à terre
Épousant la poussière.

Aléa jacta est
Tout ce temps qu'il me reste
M'accable de tristesse,
Tous ces mots qui me blessent
Me déchirent le cœur
Dans un cri de douleur.

Aléa jacta est
Tous mes rêves s'émiettent,
Le sort en est jeté
Rien ne sert d'espérer,
Aléa jacta est
Toi tu pars, moi je reste.

MON VILLAGE

En arrivant de Paris
Pour aller vers le midi,
Vous passez sans le savoir,
À côté de mon terroir.

Tout près des Monts du Morvan,
C'est un terreau paysan
Entouré de champs, de prés,
Qui tranche avec la cité.

Ancré dans une cuvette,
Il est d'allure discrète,
C'est juste un petit hameau
Où coule un menu cours d'eau.

Une histoire de nature,
Sur un tapis de verdure,
Où nos belles charolaises
Se repaissent gorgées d'aise.

L'intensité des saisons
Donne parfois les frissons,
C'est la vie à la campagne
Avec son mât de cocagne.

En allant un peu plus loin,
On trouve le Vézelien
Mais il faut voir Avallon
Où dormit Napoléon.

Si vous êtes pèlerin,
Vous trouverez en chemin
Les lettres de mon village
Essaimées sur mon sillage,
Vous aurez ainsi la clé
Si vous souhaitez y entrer.

JE RÊVE

A mon beau pays que j'aime mais qu'on ruine chaque jour,
Je voudrais panser les peines lui chanter tout mon amour
Mais les seuls mots qui me viennent sont ceux de la nostalgie
Quand je parcourais les plaines dans les parfums de jadis.

Et je rêve sur un mur, un banc de pierre,
Aux délices de ma terre quand elle était notre mère
Et je rêve sur les ponts de nos rivières,
A ses eaux pures et claires quand on s'y baignait naguère.

Dans ma France en démesure j'ai perdu tous mes repères,
L'homme a pillé ma nature à grands coups de bulldozer,
Je cherche en vain la cascade où s'ébrouaient les canards,
Je n'entends plus les tirades des rainettes dans la mare.

Et je rêve aux tapis jaunes et verts
Eclatants sous la lumière d'une aurore printanière
Et je rêve au grand chêne millénaire,
Aux bouquets dans les jachères, aux chevreuils dans la clairière.

Dans ma patrie en souffrance bien trop d'âmes sont en pleurs
Mais dans la loi du silence on ignore le malheur,
Pourtant dans ma belle France on cultivait le bonheur
Dans la joie et l'espérance qui ravissaient tous les cœurs.

Et je rêve quand les hommes étaient tous frères,
A la douceur des chaumières quand dehors c'était l'hiver
Et je rêve à son succès planétaire,
Aux couleurs de sa bannière qu'enviait la terre entière,

Oui je rêve à ma France du temps naguère !

LA LIBERTÉ

Je suis le parfum de la pluie,
Je suis la fleur dans la prairie,
Je suis la caresse du vent,
L'envie qui chasse les tourments.

Je suis un oiseau migrateur
Volant du nord à l'équateur,
Je suis la ligne d'horizon,
Je suis le fruit de la passion.

Je suis la soif qui vous étreint
Dans vos combats au quotidien,
Je suis la force et l'espérance,
Parfois même la délivrance.

Je ne suis pas inaccessible,
Jour après jour tout est possible,
Je suis le cri qui vous libère
Quand vous ployez sous vos misères.

Je suis le rêve inaccompli,
Votre lumière dans la nuit,
Je suis un chant d'éternité,
Je suis l'hymne de la liberté.

LES VOYAGES

Moi qui n'ai jamais voulu voyager,
Je me surprends parfois à y songer,
Il me vient comme des envies d'ailleurs,
D'appareiller pour l'île du bonheur.

J'hésite entre l'avion ou le bateau,
Survoler la terre ou glisser sur l'eau,
Le choix est vaste sur la mappemonde,
Il ne peut se faire en quelques secondes.

Tandis que mes mains glissent sur la sphère,
Je parcours les océans et les mers,
Réglant la barre de mon gouvernail,
Sur le cap des barrières de corail.

Mes yeux s'accrochent au récif corallien,
Agrémenté du doux chant des dauphins,
Puis je rejoins un vol de goélands
Pour m'envoler vers d'autres continents.

Puis me voilà de nouveau indécise,
Hésitant entre équateur et banquise,
Voir la célèbre vierge de Quito
Ou partir au pays des esquimaux.

Découvrir New York, Kyoto, Sydney
Et pousser jusqu'à Lhassa au Tibet,
Visiter Istanbul et Singapour,
Faire à l'infini mille et un détours.

Rentrer par un circuit en Italie
Tout en rêvant de la Patagonie,
Repartir en croisière sur le Nil
Puis aussitôt refiler sur Manille.

Soudain des frontières enserrent mon cœur,
Je n'ai pas l'âme d'un globe – trotter,
Je préfère la magie des voyages,
Juste avec la tête dans les nuages.

SAINT RAPHAËL

Nichée au cœur de l'Estérel,
Tu te tiens fière citadelle,
Comme en ce temps moyen âgeux,
Où tu t'appelais San Rafeu,
Tu scintilles, tu ensorcelles,
Saint - Raphaël, Saint- Raphaël !

Sertie dans un écrin de nacre,
Tu apparais sans simulacre,
Épanouie entre mer et ciel,
Comme un oiseau ouvrant ses ailes,
Ton charme joue comme un appel,
Saint Raphaël, Saint Raphaël !

Tes maisons blanches et Notre-Dame
Ont captivé jusqu'à mon âme,
Même la jolie St Tropez
A moins de grâce et de beauté,
Tu es la ville des merveilles,
Saint Raphaël, Saint Raphaël !

De ton jardin sous les étoiles,
Je vois le port et ses grands- voiles,
Tout un décor de fééerie,
Posé là comme par magie
D'où tu jaillis presqu'irréelle,
Saint-Raphaël, Saint Raphaël !

J'ai à jamais au fond des yeux
Tes rochers rouges et tes flots bleus,
Des souvenirs de l'ile d'or
Qui me bercent quand je m'endors,
Tu es ma romance éternelle
Saint Raphaël, Saint Raphaël !

MON PARIS

Je vous écris aujourd'hui mes amis
Car je suis à son chevet jour et nuit
Tant elle pleure, tant elle crie et gémit,
Je vous le dis mes amis
Elle n'a plus le même souffle de vie,
Envolées sa gaieté, ses envies,
Sa détresse me déchire le cœur
Je sens bien qu'elle souffre de l'intérieur,
Mon Aimée, mon PARIS

Je l'entends qui délire prononçant
Sans répit le prénom de Charlie,
Je perçois ses sanglots quand elle nomme
Un à un tous ces lieux d'attentats…
Elle a peur, elle a froid
Quand elle resonge à tout ça
Elle qui s'était promis que toujours
Elle serait Capitale de l'Amour,
Mon étoile, mon PARIS

Les gazettes parlent d'elle
Et relatent dans la presse ses douleurs, ses chagrins,
Ses symboles pillés, dégradés,
Son Arc de triomphe souillé,
Et puis les Champs-Elysées saccagés.
Elle épanche sa tristesse par-devers Notre-Dame
Et blâme tous ces gens qui brandissent les armes,
Elle se sent amputée, humiliée et brisée
Mon idole, mon PARIS

N'hésitez pas mes Amis
Venez vite me rejoindre à PARIS,
Pour réinventer les couleurs de la vie,
Et chanter toutes les vieilles rengaines
Qui soulageaient les peines, Souvenez-vous
« Frou Frou …, Viens Poupoule…, Nini Peau d'Chien… »
Ensemble nous devons la sauver, raviver la lumière de ses rues,
Inonder de joie ses quartiers, ranimer ses terrasses de cafés
Et faire renaître La Romance de PARIS…….

LA NUIT

Elle arrive silencieuse à la tombée du jour,
Telle une impératrice dans ses habits d'apparat,
Chaussée de patins de velours.
Elle avance puissante et majestueuse
Ne redoutant rien ni personne
Et dépose un rideau sur le monde.

Selon son humeur elle apporte les ténèbres profondes,
Invitant chacun à regagner un abri,
Ou bien étale ses voûtes étoilées
Sous lesquelles les amoureux rêvent enlacés,
Elle convie parfois son amie la lune
Pour un décor de plénitude.

Elle est tour à tour charmeuse ou pathétique,
Effrayante mais aussi féerique,
Chacun la vénère ou la maudit
Et elle s'amuse dans ce petit jeu,
Elle se sait reine d'un univers
Inondé de sons et lumières.

Mais quand l'aube chasseresse entre dans la danse,
La déesse des ténèbres tire sa révérence,
Elle emporte, dans son voile de brume,
Tout un lot de secrets, de rêves et de magie
Et lorsque tout à coup mon cœur bondit,
Je sais que la nuit s'est enfuie.

LA PLANÈTE

Plutôt que Pluton les hommes ont choisi la TERRE,

La pépite azurée sublimant l'univers,

Assise sous la Lune entre Mars et Neptune,

Notre belle opportune supplante chacune,

Elle est l'astre fécond depuis la nuit des temps,

Tout un mythe sur le monde vivant, pourtant

Elle nous regarde naître, vivre et puis mourir.

LES COULEURS

Avec les trois couleurs primaires,
J'ai voulu repeindre la terre,
Je ne sais pas ce qui m'a pris,
C'était sans doute un jour de pluie
Où l'on perd un peu la raison
Quand on ne voit plus l'horizon.

J'ai d'abord posé mes repères
Avec du rouge, du bleu, du vert,
Le bleu serait pour l'océan,
Rouge pour le soleil couchant,
Pour la surface de la terre
Je réservai le ton de vert.

Je voulus ajouter du jaune
Mais la teinte coula du cône,
Se mélangea au magenta
Et mon soleil levant vira
À une couleur orangée
Et j'en fus décontenancée.

Puis le mauvais sort s'acharna
Et là c'est le bleu qui coula
Dans la teinte rouge je crois,
Et je découvris malgré moi
Une nuance de violet,
Là vraiment c'était le bouquet.

Soudain se leva un grand vent
Qui rasa tout en un instant,
Emportant toutes mes couleurs
Dans un tumulte de lueurs
Et dans le miroir du soleil,
Je vis éclore un arc en ciel.

PLANÈTE BLEUE

Mes yeux plongés dans tes yeux
Je vogue vers d'autres lieux
Emportés par ce pas de danse
Nos deux corps mêlés se balancent
Et je voltige si légère
Aspirée dans une autre sphère.

Sois ma planète bleue
Mon horizon, mes cieux
Emmène-moi sur l'océan
Naviguer sous le firmament
Sois mon manège enchanté
L'espace d'un été.

Berce-moi dans tes bras
Serre-moi contre toi
J'ai envie de t'aimer
J'ai envie de rêver
Je ferme les yeux
Tout est merveilleux.

Sois ma planète bleue
Mon horizon, mes cieux
Emmène-moi sur l'océan
Naviguer sous le firmament
Sois mon manège enchanté
L'espace d'un été.

Donne-moi un baiser
Aux saveurs de l'été
Tendrement enlacés
Nos corps abandonnés
Je me sens dans les airs
Entre ciel et terre.

Sois ma planète bleue
Mon horizon, mes cieux
Emmène-moi sur l'océan
Naviguer sous le firmament
Sois mon manège enchanté
L'espace d'un été.

LES LETTRES DU BONHEUR

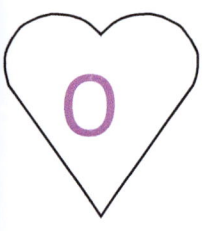

Elles s'égrènent dans mon cœur
Les lettres du mot BONHEUR
Sept lettres majuscules,
Sans tiret ni point-virgule
Qui sèment dans leur sillage
Un mystérieux message
Du bonheur, que du bonheur !

Chacune livre son secret
Son langage et sa beauté,
Et malgré leur nombre impair
Elles sont toutes solidaires
Pour vous dire tour à tour
De croire jour après jour
Au bonheur au vrai bonheur.

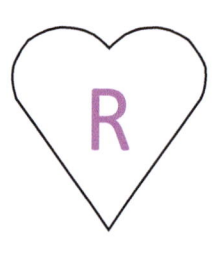

B dévoile la bonté
O dessine le verbe offrir
N'éveille la nouveauté
H est lien d'humanité
E allume l'espérance
U déclenche le mot urgence
R vous emporte dans un rêve

Et ces mots sans nouveauté

Mais qui sentent la bonté

Peuvent offrir du rêve,

Même de l'espérance

A toute l'humanité

Qui a besoin en urgence

De bonheur que de bonheur !

LA TENDRESSE

Ils vont au hasard des rues,
Âmes seules et cœurs perdus,
Ils traînent leur solitude
Sous des airs de lassitude,
Leur regard clame sans cesse,
Juste un instant de tendresse.

Ils n'ont personne à aimer,
La vie les a oubliés,
Ils n'ont plus de devenir,
Plus rien pour les retenir,
Leur amie c'est la tristesse,
A tous ceux dans la détresse.

Ils espèrent chaque jour,
Un simple geste d'amour,
Ils sont prêts à tout donner
Pour un sourire, un baiser,
Posés en délicatesse
Comme un souffle, une caresse.

Le soir en fermant les yeux
Ils repensent aux jours heureux,
Quand la douceur d'une main
Apaisait tous leurs chagrins,
Comme un signe une promesse,
Une sensation d'ivresse.

Pour un brin de réconfort
Leur cœur bat un peu plus fort,
Ils s'élancent dans vos bras
Pour masquer leur désarroi,
Cachant avec maladresse,
Mille larmes de tendresse.

À MA SŒUR

Muriel, c'est toi mon nouveau thème
Je sens la semence qui germe !
Aucun présent m'avais- tu dit,
Alors, c'est une poésie
Pour ton cadeau d'anniversaire,
Ainsi, ça sort de l'ordinaire.

Userai-je de tous ces mots
Pour t'écrire un joli rondeau,
Pur comme de la porcelaine
Proche de Ronsard ou Verlaine,
Je voudrais que tu en sois fière
Et le montre à la terre entière.

Rêvons à ton nouveau printemps
Posé sur la portée du temps,
Écoute bien sa mélodie,
Elle nous chante si bien la vie
En fa, en ré, en si, en sol,
Laissons de côté les bémols.

Impuissance devant les ans !
Je n'y crois plus depuis longtemps,
Les années sont notre lumière,
Chassent nos doutes et nous éclairent,
Elles font la richesse de l'âme,
Sa beauté et son oriflamme.

En levant les yeux vers le ciel
Tu trouveras un arc en ciel,
Des fleurs de toutes les couleurs,
De la tendresse pour ton cœur,
Une multitude d'oiseaux
Pour te jouer un concerto.

Les vers écrits dans ce poème
Te chuchotent des doux je t'aime,
Ils ont le parfum de la rose,
J'espère qu'ils retiendront ta pose ;
J'ai sublimé sur papier blanc,
L'ode de tes soixante-cinq ans.

LE FEU FOLLET

Elle vit au rythme d'un feu follet,
Chacun de ses pas porte la flamme,
Ses yeux s'allument de beaux reflets,
Son cœur vibre sur une autre gamme.

Chacun de ses pas porte la flamme,
Son cœur est l'écrin d'un doux secret,
C'est une maman plus qu'une femme,
Elle berce son petit roitelet.

Ses yeux s'allument de beaux reflets,
Elle donnerait son corps et son âme,
Elle est la madone à son chevet,
Elle n'a que l'amour pour seules armes.

Son cœur vibre sur une autre gamme,
L'homme à ses côtés tait ses regrets,
Elle s'élance au seul chant de ses larmes,
Elle vit au rythme d'un feu follet.

LES ESPIONS

On pourrait les prendre pour des espions
Comme on en voyait sous l'inquisition,
Ils ont une posture un peu suspecte
Qui vous donne la fibre circonspecte.

Par hasard je les avais repérés
Tout en flânant dans les parcs arborés,
Ils se rassemblaient souvent sur des bancs,
Tout en mêlant leurs cheveux gris et blancs.

Malgré moi j'épiais tous ces personnages
Comme s'ils étaient de mauvais présage,
Car leur regard était bien insistant
Sur les landaus, les enfants trottinant.

Je les voyais faire des messes basses
Et je pressentais les pires menaces
Je les imaginais guettant leur proie
Et je sentis en moi monter l'effroi.

Je me suis retrouvée au milieu d'eux
Cherchant à débusquer leur petit jeu,
Ils me prirent aussitôt à parti
Pour un avis sur tel ou tel petit.

Leur cœur s'envolait ou bien s'attristait
Suivant qu'un bambin riait ou pleurait,
Alors des mots fusaient pleins de tendresse
Leurs mains se tendaient avec maladresse.

Ils abordaient les futures mamans,
Leur disaient quelques petits mots charmants
Sur la venue prochaine du petit
Et c'est là simplement que je compris

Qu'ils rêvaient à ce jour, le cœur battant,
Où la vie ferait d'eux, des grands-parents.

L'AMITIÉ

Ses beaux cheveux gris- blancs argentés
Éclairaient de doux reflets nacrés
Son visage qui malgré les années
Avait gardé toute sa beauté,
Ses yeux se posaient comme une caresse
Et j'y vis après quelques prouesses
Une lueur d'amitié.

Son sourire rayonnait de bonté
Notre entente fut instantanée,
Nous discutions sans aucune gêne
Son enfance rejoignait la mienne,
Tout en dévoilant notre passé
Naquit en toute simplicité
La flamme de l'amitié.

Un jour elle m'invita sans façon
À franchir le seuil de sa maison,
Elle me donna toute sa confiance
Ravie j'écoutai ses confidences ;
Par une douce soirée d'été,
Nous conclûmes sans nous concerter
Comme un pacte d'amitié.

Elle allait contre vents et marées
Mais le sort sur elle s'est acharné,
Tant de fois je l'ai trouvée à terre
Me racontant son triste calvaire,
Alors dans mes bras je l'ai serrée
Avec des mots je l'ai consolée
Par amour, par amitié.

Elle est partie pour ce long voyage
Mais je vais toujours dans ce village
Où elle se repose à tout jamais
Depuis ce tragique mois de mai,
J'avance le cœur empli de tristesse
Et je lui dépose avec tendresse
La rose de l'amitié.

CONNAÎTRE TON HISTOIRE

Petit homme au teint blafard
Que je rencontre au hasard,
Je te vois sortir des bois
Glacé jusqu'au bout des doigts,
Petit homme fatigué
Tu me sembles abandonné
Et si nos regards se croisent
Je sens tes yeux qui me toisent.

Tout au fond de tes prunelles
Je les vois les ribambelles
De regrets et de chagrins
Qui te font serrer les poings !
Ton être parait si las,
Tu trébuches à chaque pas,
Me les raconterais-tu
Ces lendemains qui tuent ?

Ô j'aimerais tant savoir
D'où provient ton désespoir,
Je voudrais sonder ton âme
Où se joue le mélodrame,
Comprendre les mille choses
De ta vie, aux portes closes,
La vis-tu par habitude
Cette immense solitude ?

Petit homme en habit noir
Je n'ai qu'une idée, savoir !
La connaître ton histoire,
Cheminer dans ta mémoire
Pour refair' tous les chemins
Qui t'ont conduit vers demain
Et y déposer ce soir,
Juste une lueur d'espoir.

LES FLEURS

Elle avait cueilli jusqu'à la dernière fleur
Et avait refermé la porte le cœur gros,
Il fallait désormais rejoindre le bateau,
Fuir cette terre gangrenée par le malheur.

Chacun avait pris place taisant sa douleur,
Enfouissant ses pieds las dans les tendres rameaux
Qui s'achevaient par des boutons à peine éclos,
Puis le grand voyage commença pour ailleurs…

Un jour, un coussin fleuri fut récupéré
Par des pêcheurs que le vent avait retardés,
Leur joie éclata face aux roses de Damas.

L'âme des fleurs les berça de rêves d'amour,
Le charme tomba lorsqu'ils virent le rafiot
Danser léger et silencieux au gré des flots.

LE CŒUR DES HOMMES

Un jour je pris une feuille un crayon une gomme
Et je me mis à dessiner un bonhomme,
Bien sûr l'idée peut vous sembler fantaisiste
Car je suis loin d'être une grande artiste
Mais je mis tout mon cœur pour façonner
Avec ardeur mon bonhomme de papier.

Je n'avais rien négligé rien ne lui manquait,
La tête, les jambes, les pieds, tout s'articulait,
Si bien qu'en le regardant de plus près
J'eus l'impression qu'il bougeait, qu'il s'animait,
J'étais très fière de ma caricature,
Bien sûr elle n'était pas grandeur nature.

Mais tandis que je m'extasiais devant mon héros,
Celui-ci proféra une avalanche de mots,
Dans ce déluge trois retinrent mon attention,
Pour les nommer Argent, Pouvoir et Ambition,
Alors malgré son petit côté sympathique,
Mon bonhomme me sembla bien narcissique.

J'ai tout d'abord cru à un mauvais coup de crayon
Et pour ne pas rester sur une mauvaise impression,
J'ai refait un, deux, dix, vingt, mille bonhommes
Usant mon papier, mon crayon et ma gomme
Mais il fallut bien me rendre à l'évidence,
Aucun ne comblerait mes espérances.

Alors j'ai détourné les yeux de mes bonhommes,
J'ai rangé mon papier, mon crayon et ma gomme,
J'ai froissé une à une les feuilles usagées
Et je les ai toutes écrasées sous mes pieds,
C'est alors que dans ma tête une question prit forme
« Qu'y a-t-il donc dans le cœur des hommes ? »

LES AMOURS DE ROSE-MARIE

Bon Monsieur si gentil,
C'est la Rose-Marie
Qui vous a tout donné
Et sa virginité.

Quelle joie sur ce chemin,
Enfin !
De vous revoir mon doux sire,

Mais l'émotion m'étreint
Soudain !
J'ai tant de choses à vous dire,

Depuis la saison des foins
Où vous m'avez appris,
Les plaisirs de l'amour
Toujours brûlants dans mes souvenirs

Bon Monsieur si gentil,
C'est la Rose-Marie
Qui vous a tout donné
Et sa virginité.

Mais je me nourrissais de chimères,
Amères !
Et j'expie lentement,

Votre dame a compris,
Hélas oui !
Que nous étions amants.

Moi qui vous chéris,
Suis restée dans le déni,
Quitte à m'enfuir,
Perdue comme une fille de rien.

Bon Monsieur si gentil
C'est la Rose-Marie
Qui vous a tout donné
Et sa virginité.

Puis j'ai rencontré
Firmin,
Vile destinée

Et j'ai dû l'épouser
Refoulant mes pleurs
Et mes regrets.

Des petits il en veut plein
Mais pour celui qui va naître,
Touchez donc là sous mon sein…,
C'est votre cœur qui bat dans le sien.

Bon Monsieur si gentil
C'est la Rose-Marie
Qui vous a tout donné
Et sa virginité.

LE COURAGE

Celui qui le possède ignore sa richesse,

Obéissant sans peine à une force innée,

Une mer à franchir pour ceux qui n'en ont pas,

Réussir grâce à lui est pourtant plus aisé,

Animés de courage on ose les défis,

Galonnant notre vie de passions et d'envies,

Et le courage est le flambeau de nos destins.

LE MINEUR

Aujourd'hui encore, le vieux mineur
Racontait son long et dur labeur
Qui remontait à son plus jeune âge,
De Père en Fils le même message,
Il fallait descendre dans la mine,
Au début pour remplir les berlines.

Avant de descendre dans les puits
Pour rejoindre nos galeries,
On priait notre Sainte Patronne,
C'était Sainte Barbe notre Madone
Pour qu'elle veille au coup de grisou
Pendant qu'on était tout en dessous.

Pas question de s'endormir trop tard,
Fallait pas tomber dans le puisard !
Pendant la pose des étançons,
On était noirs de charbon,
Vous devez peut-être le savoir,
On nous surnommait les « Gueules Noires ».

J'ai commencé simple galibot,
Mais pas deux pieds dans un seul sabot,
Puis un jour on m'a nommé Porion,
J'étais très fier d'être chef de fond !
Il nous arrivait pendant les pauses,
D'évoquer le nom de silicose.

Et puis un jour la mine a fermé,
J'en éprouve parfois des regrets,
Même si chaque jour on misérait
Pour extraire le précieux minerai,
Moi je travaillais dans le charbon,
Mon métier, c'était mineur de fond.

UN DISCOURS DE RENTRÉE

L'école vous accueille aujourd'hui
En vous promettant tout son appui,
Cessez dès lors de vous tourmenter,
Observez l'agenda de l'année,
Lisez votre programme scolaire
Enseigné au cours élémentaire.

Vous aurez français, mathématiques,
Anglais et éducation physique,
Un renforcement de la lecture
Et bien sûr de l'écriture,
De temps en temps du calcul mental,
Ça ne pourra vous faire aucun mal.

J'aborderai l'histoire de France
En évaluant vos connaissances,
N'en faites pas toute une montagne
Si je vous parle de Charlemagne,
Il fit naître notre institution
Mais pas forcément les punitions !

Son plus beau combat ce fut l'école,

Elle ceint sa tête d'une auréole,

Autrefois elle s'appelait Schola,

Inculquait juste le B-A BA,

Les enfants y allaient pour jouer,

Mais vous, vous êtes des écoliers.

Je voulais ajouter pour finir

Que l'instruction est votre avenir,

Vous devrez fournir certains efforts

Et suivre aussi quelques règles d'or,

Écouter,

Comprendre,

Obéir

Lire

Ecrire … mais surtout, TRAVAILLER !!

GOURMANDISE

Goûtons aux plaisirs, cachons nos péchés,

On a toujours tendance à trop en dire,

Un petit penchant doit être éludé,

Régalons-nous, mutins, sans en rougir !

Mais parfois les gens se veulent pressants,

Alors émoustiller leur convoitise

Nous fait passer un délicieux moment.

Détournons-les de nos saveurs exquises,

Ils en deviendront encor' plus friands,

S'abandonnant à leurs rêves gourmands,

En nous dévisageant l'eau à la bouche.

Au secours, à l'aide, aidez-moi !
Ne m'abandonnez pas,
J'ai toujours été un fidèle ami,
Je ne vous ai jamais trahis,
Désormais, je souffre de votre indifférence
Pourtant j'avais toute votre confiance.

A la moindre peur vous accouriez vers moi
Et j'aimais quand vous me fouliez de vos pas,
Parfois j'écoutais vos confidences,
Vos rires, vos cris mais aussi vos silences…
Du plus petit au plus grand j'étais l'ange gardien,
Celui qui ne vous veut que du bien.

Mais désormais j'étouffe sous la verdure
Qui ne sert même pas de pâture,
On y a même rajouté des fleurs
Mais elles ne font pas mon bonheur
Car désormais tous vous me fuyiez
Et je sens même que vous me détestez.

Je suis campé dans une courbe
Mais ne suis pas le roi des fourbes,
J'avais une place de choix
Pour donner le meilleur de moi,
Or, quand j'entends vos dérapages
Alors j'en deviens fou de rage.

Ah ! je me sens si tourmenté
Que j'en ai oublié de me présenter…
Je suis un trottoir Communal,
Détourné de son usage initial
Par des élus pas bien-pensants
Sur la sécurité des pauvres gens.

C'était LA COMPLAINTE DU TROTTOIR

LE RIRE

Un rire qui fuse à toute volée
Et nous voilà envahis de gaieté,
Transportés par un sentiment de joie
Qui nous emporte par-dessus les toits,
Le rire est magicien !

Le rire a une note conviviale,
Excellant en prouesses musicales,
Il est tantôt Alto ou Soprano
Il suffit de lui donner le tempo,
Le rire est musicien !

Le rire est un bref instant de bonheur
Qui nous surprend en tout lieu, à toute heure,
Il est jovial, enivrant, expressif,
Divertissant et communicatif,
Le rire est boute- en- train !

Rigoler de tout, rigoler de rien,
C'est du soleil dans notre quotidien,
Le rire soigne même certains maux,
Ne vous moquez pas car ce n'est pas faux,
Le rire est médecin !

Mais si on le regarde à la lorgnette,
Le rire a de très nombreuses facettes
Et sous ses airs ingénus et charmeurs,
IL nous fait aussi rire à contrecœur,
Le rire est cabotin !

Et vous serez sans doute bien surpris
En découvrant toutes ses facéties,
Car le rire est fatigant, énervant,
Affligeant, humiliant, parfois méchant,
Le rire est assassin !

Je ne voudrais pas vous laisser perplexes
Et vous convie à de joyeux réflexes,
Avec pour gage une seule promesse,
Gardons au rire un parfum de noblesse,
Le rire est souverain !

Si ma satire a gommé votre rire,
C'est qu'il s'est caché derrière un sourire
Le rire est incertain !!

LE TEMPS D'UN ÉTÉ

Par un bel été,
Tous deux enlacés,
Le lac est si beau
Le temps est si chaud,
Le soleil brillait
Les oiseaux chantaient.

L'air nous caressait,
Nous étions si gais,
C'était l'paradis
Et je t'ai souri,
Les enfants jouaient
Les autres riaient.

Puis tu as plongé
Je t'ai regardé,
Agiter ta main
Mon tendre copain,
Puis je t'ai cherché
Sur l'onde bleutée.

Le lac enchanté
Soudain s'est taché,
Les voix se sont tues,
Tu as disparu,
Le temps d'un été
Tout s'est arrêté.

Le lac est comme avant,
Comme ce doux printemps,
Le lac est comme avant
Son eau couleur argent,
Le lac est comme avant,
Comme avant…comme avant.

HÉ TOI

Hé toi sous tes beaux atours,
Tu te contemples la face
Jusqu'à en briser la glace
Recherchant l'imperfection
Sous les feux de la passion,
Vivras-tu ainsi toujours ?

Hé toi sous tes beaux atours,
Plein d'orgueil et de dédain
Sais-tu au moins d'où tu viens ?
Je me le demande bien
Quand je vois tes airs hautains,
Tu m'attristes nuit et jour !

Hé toi sous tes beaux atours,
Reine ou roi de pacotille
Qui se gausse et se maquille
Te crois-tu invulnérable
Pour braver tous tes semblables ?
Redescends donc de ta tour !

Hé toi sous tes beaux atours,
Je te demande ce soir,
De déposer ton miroir
Ton vernis et tes paillettes,
Je ne suis pas de la fête
Je te le dis sans détour.

Hé toi sous tes beaux atours,
Essaie de prendre la main,
D'un vieillard ou d'un bambin
Quand le chant de sa douleur
Me pénètre jusqu'au cœur
Perçois-tu les aux secours ?

Hé toi sous tes beaux atours,
Regarde-moi dans les yeux
Te sens-tu vraiment heureux ?
Allons sur ce canapé
En toute simplicité
Et parlons un peu d'amour.

PANDÉMIE 2020

Contre cette calamité

Odieusement

Résistante,

Organisée dans un tour du monde,

Nantie d'une volonté funeste,

Armons-nous contre l'ennemi

Virus Covid 19,

Infiltrant nos poumons,

Raréfiant notre souffle et

Unissons nos forces pour

SURVIVRE !

LES MOTS REBELLES

Sans cesse elle cherchait des mots
En implorant parfois tout haut,
Des mots qu'elle aurait voulu dire
Mais qui ne voulaient pas venir.

C'était pourtant des mots courants,
Comme vaisselle ou brosse à dents,
Des mots qu'elle savait de toujours,
Comme télé, table ou bien four.

Elle oubliait parfois aussi
Le nom de toutes ses amies,
Tout cela la mettait hors d'elle,
Tant de mots lui cherchaient querelle.

Parfois elle en saisissait un
Qui s'enfuyait déjà bien loin
Et tous ces mots de tous les jours
Allaient et venaient tour à tour.

Car sa mémoire s'envolait
Et cela bien sûr l'attristait,
Alors elle prenait un cahier,
Les écrivait pour les garder.

Elle inscrivait de long en large,
Débordant jusque dans la marge,
Des noms de fleurs, des noms d'oiseaux,
Des noms d'objets, ceux des cours d'eau...

Et tous ces mots insaisissables
Restaient un sujet intraitable,
Ce n'était pas sa faute à elle
Si tous les mots étaient rebelles !

L'ALZHEIMER

C'est un vieillard bien sympathique
Au doux visage pathétique,
Il vit là depuis des années
Comme tant de personnes âgées
Qui s'embrouillent dans leurs idées
Et vous chassent de leurs pensées.

Il oublie tout, il est sénile
Mais a un côté infantile,
Il s'émerveille pour un rien
Il est rebelle ou bien câlin,
Dans ses propos il est prolixe
Mais a toujours une idée fixe.

Il déambule dans le couloir
Depuis l'aurore jusqu'au soir,
Son rêve, à tort ou à raison
C'est de regagner sa maison,
Il lui faudrait juste la clé
Car en ce lieu tout est fermé.

Il ne sait plus quel est son nom
Mais il sent son cœur en prison,
Il me demande en insistant
De l'emmener en repartant,
Il me supplie, il me cramponne
« Madame s'il vous plait soyez bonne ».

« Déposez-moi juste à la gare,
Ne craignez pas que je m'égare,
Mes parents viendront me chercher
J'aimerais tant les retrouver !
Ici je suis comme en exil
Ma vie s'est réduite à un fil ».

Je le raccompagne dans sa chambre
Je ne sais plus comment m'y prendre,
Je l'observe dans sa démence
Je ressens ma sourde impuissance,
Je suis un rare visiteur
En unité Alzheimer.

LE CONDAMNÉ

J'ai assisté à une mise à mort,
Le ciel m'est témoin qu'elle existe encore,
Bien sûr nous n'étions pas au tribunal,
La scène aurait été bien trop banale,
Non, les faits se déroulaient en un lieu,
Où j'eus du mal à en croire mes yeux.

J'étais venue comme à l'accoutumée
Lui apporter un sourire, un baiser,
Car le vieil homme perdait la raison
Dès qu'il se trouvait loin de sa maison,
Cette maison construite de ses mains
Jour après jour par amour pour les siens.

Au fil du temps il n'avait plus qu'un vœu,
Y rendre son dernier soupir, heureux...
Pourtant ce jour-là j'eus le cœur serré
En découvrant le vieillard effondré,
Son visage grimaçant de souffrance,
L'accablement livrant son impuissance.

Il m'apprit que ce qu'il redoutait tant
Venait d'être conclu tambour battant,
La sentence avait été prononcée,
Tous avaient tranché, dans son intérêt,
Les uns par bonne conscience filiale,
Les autres par logique commerciale.

La condamnation était « la perpète »,
Placé à vie en maison de retraite...
Ce jugement pour lui était terrible
Il présagea à tous ce sort horrible,
Il se sentait abandonné, trahi,
De quels droits décidait-on de sa vie ?

Il avait toujours bravé la vieillesse
Y espérant juste un peu de tendresse,
Vraiment, il ne demandait presque rien
Que s'endormir tout près de son jardin,
Regardant paisiblement vers le ciel
Une fois encore un vol d'hirondelles.

Demain pour lui ce serait la prison,
Jamais il ne reverrait sa maison,
Il serait exilé, déraciné,
Le pir' qu'il n'aurait pu imaginer...
Il n'avait plus qu'une envie, disparaître
Échapper au plus vite à son mal être...

Quand je le vis partir anéanti,
Je savais qu'il renonçait à la vie.

L'HOLOCAUSTE

Les premières lueurs du jour viennent de paraître
Que ma chienne grogne déjà derrière la fenêtre,
Je regarde, mon cœur se serre, ils sont revenus !
Cette maudite chasse ne cessera donc plus !
Je les compte ils sont tous là, traqueurs et rabatteurs
Pour semer dans la faune sauvage la terreur,
S'arrogeant la campagne tels des conquistadors,
  La mine réjouie rêvant au fabuleux trésor.

L'animal n'aura de répit qu'à la fin du jour,
Fuyant paniqué par les prés, les champs de labour,
Traqué sans pitié par l'homme et sa meute de chiens
Qui le poursuivront jusque dans les moindres recoins,
La Bête sait qu'elle ne doit compter que sur la chance,
S'enfuir, se tapir, elle l'a appris par expérience,
Elle connait l'issue fatale si elle tombe à leurs pieds,
Achevée au fusil, à la dague ou la cognée.

Je sursaute ! des déflagrations violentes crépitent,
La battue a commencé je les vois tous en piste,
Puis j'entends un tumulte d'aboiements et de cris,
Mêlés au son de la pibole qui retentit,
Une horde de chiens s'élance sur un gibier,
Un chevrillard terrifié tente de s'échapper,
Je tremble pour lui de peur mais aussi de colère,
Je ne peux cautionner des loisirs aussi pervers.

L'animal ne demande rien sinon vivre en paix,
Dans son nid, son terrier ou au fond d'une forêt.
Alors quel est ce mal qui a atteint notre monde,
Tuant des milliers d'animaux à chaque seconde,
Pourtant, c'est si beau de voir la nature en éveil,
Des lièvres et des lapins danser sous le soleil,
Surprendre une biche veillant sur son petit faon,
Apercevoir un renard au museau chenapan.

Lorsque les dernières lueurs du jour faibliront,
Que tout vacarme aura cessé, toute agitation,
Je partirai le vague à l'âme me recueillir
Dans la nature où le silence me fera frémir,
Mes pas suivront l'herbe foulée rougie par le sang,
Où j'imagine le pauvre animal trainé sanglant
Qui complètera une collection de trophées,
Car il faut tout tuer, ordre des autorités !

Un peu plus loin dans un sentier pourtant fréquenté,
Le vol d'un pigeon ramier se sera arrêté,
Ailleurs un marcassin cherchera sa mère en vain
Et errera gémissant jusqu'au petit matin,
Je retrouverai agonisant dans un fourré,
Le petit chevrillard au regard déjà voilé,
Et seule, au milieu de ce spectacle déchirant,
J'entonne, en dépit de tout, le chant des partisans !

UN ÉLEVAGE MODERNE

La visite venait de commencer
Et j'étais fascinée, émerveillée,
Je me tenais dans l'espace technique
D'une salle de traite électronique,
M'exclamant sur tout à chaque seconde,
Telle une enfant qui découvre le monde.

Mes yeux allaient des bras robotisés
Aux lumières laser vertes ou bleutées,
La vache arrivait dans une logette,
Passage obligé pour le robot traite
Qui captait les données de son collier
Au moyen de ses caméras 3 D.

Tout d'abord des rouleaux lavaient les pis
Et les trayons tiraient à l'infini.
Puis le système ouvrait un portillon,
Et les sabots claquaient sur le béton.
Mais je ne sais ce qui raidit mon corps
Car soudain ce fut l'envers du décor,

Un frottement sans fin sur le métal
Mettait à mal le cuir de l'animal,
Je vis son pauvre squelette amaigri
S'éloigner avec mille boiteries,
Regagnant son mince espace vital
Aux lueurs artificielles et fatales.

Tout ce qui se disait était donc vrai,
Les vaches servaient de machines à lait,
Pour accroître leur productivité
On les privait d'herbe et de liberté.
Leur vie était devenue un calvaire
Car elles devaient nourrir la terre entière…

Lorsque je vois des vaches à collier
Mises au pré juste le temps de vêler,
J'entends encore le cri déchirant
De la bête qui supplie tristement
L'humain qui vole à jamais son petit,
L'arrachant brutalement de ses pis,

Et dans sa frénésie industrielle,
L'homme a fermé les yeux sur l'essentiel.

LE LÉZARD GRIS

L'autre jour en ouvrant la fenêtre,
A échoué près de mon lit,
Un affreux petit lézard gris
Qui m'a fait reculer d'un mètre.

J'ai tout d'abord poussé un grand cri
En voyant ce corps couvert d'écailles
Filer se cacher sous une malle,
Tandis que s'amplifiait ma phobie

Passer la nuit avec le reptile
Dont la vue me glaçait d'effroi
Était un supplice pour moi
Car il rimait avec crocodile.

L'instant de panique passé,
Je me sentais prête au combat,
Appelant ma chienne et mon chat
Pour m'aider à le pourchasser

Mon chat étant un peu paresseux,
C'est ma chienne qui l'attrapa ;
Et non, croyez-moi il fila !
Laissant juste un bout de sa queue.

J'ai tout mis sens dessus dessous
Pour récupérer l'animal,
Dont la traque fut infernale
Et ma patience devint courroux.

La chasse fut abandonnée
Et je finis par m'endormir
M'accommodant de mes délires,
Rêvant que la bête fut tuée

Au matin en ouvrant les yeux,
Je vis le lézard vers la porte
Réfléchissant en quelque sorte
Comment s'échapper de ces lieux.

Le saurien tremblait sous sa squame,
Je le sentais terrorisé
Ne cherchant pas à m'agresser ;
Cet animal avait une âme.

Alors sans compter jusqu'à deux,
Je pris le lézard dans mes mains
Et l'emportai dans mon jardin
Où le soleil était radieux.

En le posant sous la tonnelle,
Sa tête se tourna vers moi
Et de son regard maladroit
Me fixa avec ses prunelles.

Était-ce le fait d'une alchimie ?
Mais dans les yeux de l'animal
Échappant à un sort fatal,
J'ai deviné un grand merci.

Je n'ai plus peur des lézards gris,
Car l'un d'entre eux est mon ami.

LA VOLIÈRE

Cette année-là, l'hiver n'en finissait pas
Livrant chaque jour, pluie, neige, vent et verglas,
La terre gelait, les arbres frissonnaient,
De derrière ma fenêtre, je les voyais
Défiler, frigorifiés et affamés
Alors, je les ai simplement invités.

Oh ne vous méprenez pas sur mes voisins
Car c'est à tous les oiseaux de mon jardin
A qui j'ai offert sans commune mesure,
Une vaste volière grandeur nature
Sans grillage, ni barreaux, juste une mangeoire
Ancrée à un arbre qui sert de perchoir.

Tous ont aussitôt compris mes intentions
Et ne se sont pas trop posé de questions,
C'est beau de les voir du matin jusqu'au soir
Aller et venir au précieux accessoire,
Ils mangent désormais jusqu'à satiété
Et leur petit ventre a un joli bombé.

J'ai recensé un rouge-gorge, des sitelles,
Des moineaux, un colibri, des tourterelles,
Un pivert qui marche la tête en arrière
Et la petite mésange charbonnière,
J'ai vu aussi des merles, un geai et des pies,
Venir sans effaroucher les plus petits.

Mais le plus étonnant c'est un oiseau roux
Qui m'a beaucoup surprise, je vous l'avoue !
Il étalait sa belle queue en panache
Et dressait ses deux plumets comme un apache,
Lorsque j'ai découvert son identité
Croyez bien que j'en suis restée bouche bée.

Et désormais chaque jour je m'extasie
Devant trois petits écureuils d'Eurasie
Qui l'instant de manger chassent les oiseaux
En faisant des cabrioles et des sauts
Et tout en m'amusant de leurs rondes folles
Je sais bien qu'eux aussi prendront leur envol.

L'ARBRE

Son feuillage multiséculaire
S'habillait d'ombre et de lumière,
Devenant suivant les saisons,
Tantôt vert, jaune ou bien marron,
C'était l'emblème du village,
Sa légende et son héritage.

Les mains se posaient sur son tronc,
Pour une trace ou un prénom,
Les enfants y jouaient heureux,
L'écureuil n'était pas peureux,
Personne ne se sentait seul !
C'était la fête sous le tilleul.

Mais un jour j'eus un coup au cœur,
Je découvris avec douleur
L'arbre massacré par les hommes
Avec leurs idées à la gomme !
Je leur ai crié ma colère,
La scène était trop délétère.

Je suis venue le soir tombé,
M'épancher sur « mon » tiliacée,
J'ai caressé ses belles branches,
Sa sève a coulé sur mes manches,
Durant la nuit comme un linceul,
La neige recouvrit le tilleul.

Désormais sur la même place,
Dix petits arbres le remplacent,
Serrés les uns contre les autres,
Comme des Saints ou des Apôtres,
Mais vous saurez que pas un seul,
N'a pris la place du grand tilleul.

SOUS L'ORME

Quand elle donnait son adresse, elle ajoutait toujours cette parenthèse :

« Vous ne pouvez pas vous tromper : « c'est sous l'Orme » !

Vous verrez ainsi mes aménagements, j'ai voulu mettre notre place à l'honneur

J'ai trouvé que c'était plus joli et tant pis si ça dérange la galerie,

J'ai demandé l'accord à Monsieur Le maire !

J'ai même obtenu un banc, il est à l'abri sous le feuillage, nous pourrons bavarder plus longtemps.

Elle aimait les jardins fleuris, les arbres ployant sous leurs fruits qu'elle distribuait dans le village et à tous ses amis.

Elle entait çà et là au gré de ses humeurs, de ses envies allant

De pruniers en pommiers de pommiers en cerisiers, surveillant la fleur puis le fruit.

Elle attendait chaque saison avec une douce émotion

Guettant au printemps les premiers bourgeons,

Rêvant aux prochaines moissons.

Mais l'automne restait la souveraine avec son éventail de couleurs qui lui rappelait ses fleurs.

L'hiver devant son âtre, tout en regardant brûler un feu de bois, elle jetait un coup d'œil du côté de L'Orme et voyageait au fil de ses souvenirs tout en retraçant sa généalogie.

Elle aimait les tables de fêtes à la bonne franquette, où l'on riait de tout, riait de rien et quand les yeux brillaient, elle enchainait des rengaines que tous reprenaient le cœur en joie.

Elle ne partait jamais bien loin, ni jamais très longtemps

Ma vie disait- elle est sous l'Orme, ses racines m'ont envahie et me retiennent à jamais au pays …

Mon esprit s'est égaré devant son épitaphe et m'a fait perdre la notion du temps,

Je reste incrédule devant un amas de verdure,

Ses racines auraient- elles pu repousser ici ?

Un arbre frôle de ses branches

Le marbre nu où je me penche.

LA NATURE

Je m'ennuie avec vous, ne comptez plus sur moi,
J'ai longtemps hésité avant de vous le dire,
La peur sans doute que vous ne compreniez pas,
Qu'elle seule, arrive à m'enivrer de plaisir.

A moi-même c'est le temps qui me l'a appris,
Mais aussi le hasard d'une jolie rencontre
Faite par un jour de grande mélancolie
Quand la vie semble bien vaine et vous le démontre.

Tout à coup, nous nous sommes trouvées face à face
Et je suis restée pétrifiée, émerveillée,
Devant sa beauté qui occupait tout l'espace,
Emergeant d'un damier aux doux tons irisés.

Depuis ce jour mes pensées ne sont plus que pour elle,
Je suis sous son charme, elle est si belle, authentique,
Noble et généreuse, bienveillante et fidèle,
Proche et lointaine, forte et fragile, magnétique.

Elle seule a le pouvoir de me consoler,
Et si mon cœur a mal elle me laisse le choix,
De me taire, de crier ou bien de pleurer,
Souvent je reste là blottie contre elle sans voix.

Sa demeure est mon refuge en toutes saisons,
Ses jardins sont un doux mélange de couleurs,
Parés de verdure, de fleurs, de papillons,
De belle terre brune aux paniers de saveurs.

Tout est planifié à chacun de mes passages,
Nous visitons ses prairies, ses lacs, ses clairières,
Nous foulons ses forêts aux beaux sentiers sauvages,
Où courent les lapins, les renards et les cerfs…

A vous je peux l'avouer, je suis amoureuse,
Tout m'attire en elle, ses secrets et ses murmures,
J'aime son parfum, sa présence silencieuse,
Elle est ma muse et mon cœur bat pour…La Nature.

POÈMES RÉALISÉS À PARTIR DE 10 MOTS

SECRET D'ANTAN

Sa main allait et venait gracieusement,

Tamisant **finement** le **généreux** liquide,

Qu'elle devait **éclaircir** pour le rendre limpide,

Nous la regardions faire silencieusement.

Dehors il **fleurait** un doux parfum deprintemps,

La **marmite** chantait, Maman suivait son guide

S'amusant de nos yeux **pétillants** et candides

Qui surveillaient tous ses gestes assidûment.

Puis ell' rangeait **le chinois** dans notre **buffet,**

En sortait les tasses au joli brin de muguet

Les emplissait du breuvage au bon goût de **miel.**

C'était son philtre d'amour, un secret d'antan

Où la **douceur** d'être se voulait essentielle,

J'ai souvent la nostalgie de ces doux moments.

UNE ROUTE QUI NE MÈNE NULLE PART

C'était quelqu'un de nature **vigousse**

Et d'esprit plutôt **chafouin,**

Mais ajoutons qu'il fallait être aussi un peu **fada**

Pour partir à la tombée de la nuit, juste avec une **lumerotte,**

Sur cette route qui ne menait nulle part.

Mais l'homme savait que s'il d**rachait** dans la vallée,

Là-haut tout était enseveli sous la **poudrerie.**

Alors, tandis qu'il avançait péniblement,

Il espérait avec ferveur que son ami le **Champagné,**

Parti quelques heures auparavant avec le **tap – tap,**

Avait trouvé refuge chez le **dépanneur**

Et l'attendait, attablé confortablement, devant une tasse de **ristrette.**

LA CAUSE DÉFENDUE

Heureux qui comme toi partiras un jour **à vau-l'eau,**

D'une démarche **fluide,**

Vers ces régions tropicales marécageuses que l'on pourrait confondre avec des **oasis.**

Ton but, voler au secours des **mangroves englouties** petit à petit

Par un monde devenu assoiffé et cruel.

Pour servir cette cause il faut bien sûr ne pas être né de la dernière **ondée,**

Mais aussi posséder un caractère **spitant.**

Beaucoup avant toi se sont découragés en empruntant les sentiers **ruisselants** de vase

Qui freinaient leur avancée et les entrainaient souvent dans une série de **ploufs,**

Qui marquait un point final à leur dessein.

Mais toi, je sais que tu iras jusqu'au bout,

Pour tenter de sauver à ta manière la faune sauvage encore en survie

Et toute cette végétation extraordinaire que l'homme détruit sans réfléchir au lendemain.

Ta détermination restera intacte jusqu'à ce moment

Où hissé au sommet d'un palétuvier blanc

Tu accrocheras ta magnifique **aquarelle,** réalisée au péril de ta vie

Qui dévoilera la beauté atypique de ce milieu naturel particulier

Qui contribue à la sauvegarde de l'humanité.

UN JOUR DE KERMESSE

C'était un beau jour de **kermesse**,
Sur le thème de l'Antarctique
Et chacun avait revêtu un costume d'**Inuit**.

Tandis que résonnaient des **bravos**
Pour l'élection du plus bel esquimau,
Mes yeux **ciblèrent** à terre un objet de forme **kitsch**.

En ramassant cet **amalgame**
Provenant sans doute d'un logiciel **wiki**,
Je décidai qu'il serait mon **gri-gri**

Je mis délicatement sur mon cœur
Ma jolie trouvaille issue de la **sérendipidité**
Et glissai légère vers un monde de **zénitude**.

LA PARODIE DU CORBEAU ET DU RENARD

Cessez donc Maître Goupil de **composer** vos **arabesques,**

Vous en arborez un petit air simiesque,

Croyez-bien que je suis fort confus,

Voire même un peu déçu

Que vous vous retrouviez au fond de cette cage

Où vous écumez de rage.

Mais quelle fâcheuse idée avez-vous eue

De suivre naïvement,

Mon insolite **tracé** élaboré minutieusement

À partir de quelques **rébus** qui vous ont perdu !

Sachez y voir pour l'avenir le **signe** que moi, Maître Corbeau,

Ne suis plus à considérer comme une **coquille** sans cerneau

Car à l'opposé de vous j'ai su tirer profit

De mes expériences de jadis !

Au fil du temps j'ai même acquis une certaine noblesse,

Ainsi, si vous analysez avec finesse

Les **gribouillis** contenus dans ce **phylactère,**

Navré de n'avoir aucun don mon cher

Pour l'écriture **cursive,**

Vous y découvrirez un **logogramme**

Qui vous sortira de ce mélodrame !

MISTER SMILEY

Coucou je suis Mister Smiley !

Un collectif d'**émoticônes**

Qui s'**héberge** dans ton ordi.

Et s'impose en grand **favori.**

Je suis le signe incontournable

Pour chacun de tes états d'âme,

C'est moi le **pirate** des mots,

Je les chasse vers les **nuages**

Et rends tes messages plus beaux.

Je suis **nomade** sur la toile

Et toi **fureteur** sur le net,

Nous sommes faits pour nous entendre,

Ecoute bien tu vas comprendre.

J'aime beaucoup ton **avatar**,

Cet inconnu qui **télésnobe**,

Fais-moi entrer dans son mystère,

Et nous deviendrons toi et moi

Les plus grands rois du **canular.**

C'EST LA POÉSIE QUI SAUVERA LE MONDE

Dans les rues elle s'est perdue **la voix** du poète,

La jactance a déclaré la rime désuète

Chassant **volubile** les pensées des plus grands

Avec sa faconde et son **accent truculent,**

 Dans le cœur des hommes le silence est venu

On ne **placote** plus, les liens se sont rompus.

Désormais dans ce monde sens dessus- dessous,

Même les **griots** sont privés de leur **bagou.**

Ohé Ohé les étoiles m'ont **susurré,**

Ohé Ohé des vers d'amour et d'amitié

Ohé Ohé pour sauver notre humanité.

Ode aux poésies de Ghyslaine...

Charmante poétesse
Vos vers tout en finesse
Pleins de délicatesse
Nous comblent d'allégresse.

Ils nous transportent ailleurs
Vers des mondes irréels
Où la vie est plus belle
Où tout n'est que bonheur.

Parfois beaucoup plus graves
Ils abordent d'autres rives
Où la douleur est vive
Et s'exprime sans entrave.

Ces mots aux mille facettes,
Diamants finement taillés,
Cristallisent vos idées,
Et troublent nos pensées.

Douces notes de musique
Ils deviennent symphonie
Aux accents uniques :
Ce sont vos poésies.

Bravo, vous avez réussi
Au-delà de toute espérance
Et à travers mille nuances
A ravir notre esprit.

Alain.
(oct. Nov. 2015)